AF156812

Nous aurions voulu être ce qu'ils appellent terroristes. Poser des bombes sublimes, désagrégeant les pieds de ces porteurs de lumières. La frustration de ne pas avoir construit, nous pousse à cracher de longues flammes sur les récoltes du progrès juste pour avoir le terrain à cultiver.

Défricher cette terre, la brûler pour que les jeunes pousses s'épanouissent après le brûlis sanctificateur.
Les plantes sont carnivores. Un rôle social nous tient par les…
Par la taille.
Par nos voix, nos chants, et nos actions nous jouerons les troubles têtes.
Pris pour des casseurs dans un monde autodestructeur.
Oui ; nous serons pour toujours intolérant ! Parce que nous aimons ! Nous aimons ! Nous aimons !

Dangereux ; car non en quête de bonheur, mais de grande joie.

Sylves !

(Puissance)

Éolienne, monstre acier
Tourne vent, énergie
Geste simple, pâtissier
Ville lumière par magie

Vanités du troubadour

Certains, pour leur dernier jour,
Souhaiteraient bien des grandeurs.
Nous ne voulons que la pierre,
Froide et nue comme une vierge.
D'autres sont sourds,
Espèrent encore le bonheur.
Nous ne voulons que la terre,
Noire et pure comme un cierge.
Certains se vautrent en chantant,
Dans un stupre qui les grise.
Nous ne voulons que la lame
D'un désir alchimique.
D'autre appellent « insolents »
Ceux qui vivent sans balises
Nous n'aimons que le drame
Des aurores amnésiques.
Ils sont insectes et tas d'épingles,
Thermites et bacchanales.
Nous sommes faucons,
Taupes et sorciers.
Leurs jours sont jungles

Et fracas du métal,
Nos crépuscules sont longs
Comme des nuits d'été.
Leurs yeux sont vides
Et leurs mains sont blanches.
Nos veines saillent
Sans pouvoir imploser.
Ils sont sans rides,
Et leur cœur est étanche.
Sur nos corps des entailles
Sont témoins du passé.

Source de la saigne

C'est le dimanche, et l'église est à moitié vide

On a pris un bus de Montbard, jusqu'à Chatillon sur Seine

Dans notre bonne Bourgogne, à moitié plate

A moitié courbée

A Recey

Terrefondrée,

Le long du grand fleuve de France

Encore jeune par ici, par chance !

La plaine est coupée en barbelés

Et c'est l'heure où passe le curé.

Ah le bon vieux curé !

Il court entre les paroisses

S'enfile un peu d'Epoisses

Il prie à l'hôpital,

Pour les vieux, les malades, les noirs et les pâles.

Oh, un peu comme nous, il ne fait plus de vieilles

querelles.

A l'institution, il préfère l'instituteur

A la Commission, le commissaire

Et aux inspecteurs, l'inspection.

Puis quand on cause de décadence

On s'emporte mon vieux !

C'est la vigne qui nous rend dur

Et on s'arrache les cheveux.

Mais c'est jamais contre les gens

C'est contre tout le monde et contre personne

Contre ceux qui veulent plus que les cloches sonnent

Et puis y a le maire sans étiquette

Qui aime bien faire

Ses petites affaires

C'est un chasseur qu'aime pas les bêtes

Sauf son gros chien et sa grosse femme

Elle, c'est la reine des petits fours

Qui partage son amour

Dans l'arrière-cour

Avec les délégués,

les conseillers

Toute l'assemblée

Sauf le curé.

Là-haut, tout ce petit monde on s'en moque bien

Dans les théâtres, les cinémas, les cafés crèmes

C'est un sujet de conversation

Pour justifier ses opinions

C'est la vieille France

C'est les clochés

C'est la baguette et les bérets.

Mais si l'on regarde d'un peu plus prêt
Dans la supérette du village
C'est deux homos qui t'servent le vin, le sauciflard et puis
le fromage
Et qui quand passe le petit curé
Lui sert la main non sans hommage.

Alors la haut nos dirigeants,
Cosmopolite et grands farceurs,
F'raient mieux descendre voir dans nos champs
Avant qu'on les pende par le cœur.

Histoire d'une créature

C'est l'histoire d'une créature,
Qui passait régulièrement dans une forêt
Elle hantait ce lieu vert, et faisait peur aux feuilles des
arbres
(Sans faire exprès)
Le bois est touffu et peu praticable ;
Accordons nous sur son aspect sombre et changeant.
Sapin, hêtre, bouleau, chêne,..., palmier, tout y est.
L'on passe d'une zone pleine de ronce
À une belle clairière lumineuse,
De colline de pierre
À un parterre d'herbes
Dites mauvaises.

Elle n'est pas seule à hanter ce lieu,
Beaucoup y passe. Le Lieu est loin d'être vide,
Mais ils utilisent les sentiers bien tracés qui longent la belle
façade verte et bien entretenue.
Les amis sont les gardes qui l'entretiennent, construisent de
petit abris et éclaircissent les clairières de son esprit,
Ils sont là tout le temps, ils y résident

Mais pas au même endroit que la bête couleur fauve !

Elle ne sert à rien elle ne change pas l'endroit !

Folie !

Quand elle vole les oiseaux la suivent et chantent autour
d'elle

Quand elle nage l'eau s'éclaircie

Quand elle court, sur ces empreintes on peut voir pousser
des primevères d'un joli blond vénitien

Et en fonction de son allure la taille varie,

En fonction de son humeur la couleur aussi

C'est merveille de la voir gracieusement tracer ce chemin
floral

Fatiguée par ses danses

Les pattes lasses faiblissent et

Elle et se couche avec le bois,

Toute entière elle s'allonge ;

Les rêves alors s'échappent, planent

Inspirent tous les écureuils !

La lune quel que soit son cycle reste pleine !

C'est fête dans les clairières…..

A son réveil,

A sa naissance une source claire et abondante jaillit de
son aire de repos

Ainsi un ruisseau naît ;

Couleuvre qui se coule entre les fleurs,

Et quand le serpent d'argent se brise sur quelque rocher

C'est une musique qui sort de cette séparation,

Les deux bras partent en fanfare s'élargissant

Pour aller loin,

Loin,

Loin,

Au-delà de la lisière,

Dans les champs,

Les fermes,

Les monts lointains.

Sans elle, le bois n'irriguerait pas les alentours,

Elle est le fruit de ce débordement de vie !

Les compagnons ne font que récolter ce qui est roc, arbre,

terre, et chasse le gibier égaré sans famille.

Ils l'aiment !

Oh oui il l'aime,

Cet obsédant animal créateur de ruisseau,

C'est avec tristesse qu'ils portent les troncs aujourd'hui.

Car elle n'est plus là,

Elle est partie s'enfermer dans un vide infini et oppressant,

abandonnant ce que ses sœurs on qualifiées de nuisible

pour sa fourrure.

L'être splendide galope maintenant   dans les grandes
plaines,
Pleine de vide,
Où il y a de l'herbe grasse
Entourée de clôtures,
De l'eau claire
Dans l'abreuvoir prévu à cet effet.
Dans les steppes ou elle court   Il n'y a pas d'obstacles, de
gênes
elle y est bien…
Il n'y a pas de fruits des bois !
Maintenant
Maintenant
Les sources se tarissent,
La forêt se dessèche,
Les bêtes à sang froid se multiplient
Des sangliers invincibles labourent tout sur leurs passages,
Les fleurs blondes fanent   laissant place   à des pousses
synthétique sans odeur ni couleur,
Simple appât pour les biches de passage.
Maintenant
Maintenant
Quelques pluies sentimentales humidifient les feuilles
restantes

Chemin floral qui fascine les ruminants qui la suivent…
Sans s'apercevoir que les fleurs fanent.

J'ai tenté de parler d'une manière sylvestre et onirique
D'un réel qui je crois nous panique

Le misanthrope et le corbeau

Il y eu un jour, bien loin, entre les étoiles,
Entre les brumes qui font le ciel vaporeux,
Au creux de l'ouate des méandres astrales,
Une âme seule, recroquevillée sur un nuage bleu.
Un corbeau volant alentour vint de son aile dissiper le
nuage,
Croassant comme un vieux sourd tous ses maudits
présages.
L'âme n'aimant guère les tracas alla se blottir pour mieux
ruminer,
Quand le volatile en grinçant engagea
Le   dialogue ici rapporté :
« Qui es-tu, pour n'avoir ni bec ni ailes,
Et pour ainsi te blottir dans le royaume du ciel ? »
« On m'appelait le paria, autrefois,
Depuis je erre bien loin des fous d'en bas,

Bien loin des guerres, du sang et des rois »

« Qu'as-tu fuis pour être si grincheux,

Etait-ce la foudre qui tombe des cieux ? »

« Non, bien plus terrible que le feu divin,

J'ai fuis les œuvres folles de ceux que l'on nomme

humains »

« As-tu quitté leurs sol

Pour monter vers Dieu,

Ou es-tu parmi ceux qui volent

Car pour toi sur terre tout est mais pourrait être mieux ? »

« J'ai tant souffert sous ces nuages dorés,

Que ma peau est un vieux parchemin,

Mes yeux sont des amphores asséchées,

Et ma langue est pareille à ces serpents crevés que l'on

trouve sur le bord des chemins

« Moi qui sans soucis repose mon plumage

Sur les courants de ces nuées immenses,

Je ne comprends pas ton langage

Lorsque tu parles de souffrance… »

« La souffrance est cet inconfort venimeux

Qui pourrait faire qu'à jamais tes deux ailes

Devrait être arrachées et que tes pauvres yeux

Doivent pour toujours fixer ce ciel,

Que jadis tu te délectais de parcourir,

Sans savoir, sans connaître ce qu'était que souffrir »

« Je me réjouis de ne point connaître un tel sort,

Et suis bien en peine que tu aies pu autrefois

vivre cette chose qui semble pire que la mort,

Plus froid que la glace et moins doux que le trépas »

« Soit bien aise en effet de n'avoir comme seul horizon que

ton ciel infini,

Comme seul dessins que de voguer à jamais sur les

moussons,

Comme seul danger que les cieux et leurs pluies,

Et de pouvoir vivre en paix bien loin des hommes et de

leur corruption »

« Étais tu un de ces êtres fous que tu décris si bien,

Qui écrase sans cesse de leurs pieds de géants

Les graines qui me nourrissent, l'herbe des chemins,

Et les fleurs colorées de nos champs ? »

« J'ai souillé mon âme par une telle naissance,

Je suis né homme mais j'ai haï mes semblables,

J'ai connu avec eux misère et souffrance,

Et j'étais bien de tous le plus misérable »

« De quoi avez-vous donc besoin

Pour ne point connaître ce venin

Que tu nommes souffrance et misère,

Et qui semble ronger l'ensemble de votre terre ? »

« J'ai besoin de ton royaume céleste et divin,

De tes nuées limpides qu'au petit matin

Le soleil irise d'un éclat argenté,

J'ai besoin d'un vide immense

Ou l'on puisse inspirer autre chose que l'espoir rance

Qu'en bas je ruminais,

Autre chose que ces désillusions poussiéreuses,

Cette souffrance qui lacère et qui creuse

Nos chimères naïves jusqu'à leurs moelles,

Je veux vivre loin des hommes, de leur torpeur et de leurs

râles »

« Tu sembles un vieux chêne enraciné,

Qui puisa dans le sol milles savoirs de géants,

Ta langue sèche exhume des légendes oubliées,

Que nous corbeaux contions sur les hommes depuis la nuit

des temps »

« Eh bien le vieux chêne aujourd'hui du fonds de ses

racines

Réalise à ta vue que le bonheur est un choix,

Et non une de ces malédictions divines

Qui un matin sur nous choit,

Comme par mégarde laissée tombée des cieux

Par le grand architecte et ses légions de dieux.

Je choisis le bonheur comme on choisit de vivre !

La passivité fut le bourreau qui brisa mes membres
noueux,
Je suis une fleur qui s'éclot en brisant son givre,
Mon orgueil fut le plomb qui lesta mes ailes et figea mes
yeux,
Laisse-moi à présent descendre sur terre comme on
s'enivre
D'un soleil jadis inconnu qui de beau matin brule notre
cœur orgueilleux !
Merci corbeau, ton humble concours m'a fait revivre,
De misanthrope borné je suis devenu esprit heureux,
De mes œillères tu fis une révélation, je t'en fais l'aveu,
Et ma haine de naguère n'est plus qu'un spectre miteux.
Je veux faire briller l'amour sur cette terre qui a besoin de
chaleur,
Au bonheur des autres je veux consacrer chacune de mes
heures.
Merci, corbeau, vas t'en voler au creux du firmament !
Et emporte avec toi le souvenir d'un vieux cœur
inconscient,
Qui crut bon de fuir la terre, sa misère et ses personnes,
Pour blottir sa lâche carcasse au fond des nues qui
résonnent

Les fils de Châtellenot

Les coupes tourbillonnent, en blanc
A-t-on pleuré les moines ?
Sur la colline des serpents
J'ai vu la Morigane

A Châtellenot nos rêves de spectres
S'évaporent, en fumée
Nous écrivions la dernière lettre
Des semeurs, de l'été

Vapeurs de brumes écarlates
La demeure reste fière
Nous nous croyons derniers pirates
Sur un galion de pierre

Préférée

J'aime la Foret, la montagne, le cours d'eau
Ils sont mieux que toi,
Pourtant je te préfère.
Jugement de valeur
Valeureusement contredit.
L'Amour porté est une préférence
Parmi toutes et tous
Ceux aimés
Il y a le favori.
Celui qui "n'aime que toi" est dans le désert,
Il n'y a rien autour de l'oasis que tu deviens par ce "je n'aime que toi".
Européen, sans terres arides
Dans les bois et les plaines
Abreuvés par mon amour,
J'ai trouvé l'arbre que je désir grimper
Sous lequel je veux m'abriter,
M'assoupir dans ses branches.
Branches chargées de nids,
Parées de gui.
Les oiseaux y chantent
Font rougir les feuilles

À tel point qu'elles tombent.

La sève boue

La plante aime tous ces invités,

Invités parfois imposés

Qu'importe, ils sont là

Et ont toute son affection.

Même le lierre et la vigne vierge

Étouffant

Ses hanches

Lui sont attachant.

Parmi les volatiles,

Les boules créatrices de baisers

Et les grimpants.

Je l'escalade sans trop abîmer l'écorce,

J'effraie quelques moineaux.

Espérant que sans plumes,

Ni feuilles,

D'une nature différente

Plus qu'être aimé,

Je serai son préféré !

Empire du centre

Route en lacets, descente, montée, fumée des bois
Chant du coq
Gnomes en cachette, chemin des rois
Cavaliers rouges et grande estoc
Foret profonde
Autriche-Hongrie
Chat sauvage : mistigri
Abdication, reine inféconde

Wullersdorf !
Stonsdorf !
Ladendorf !

Ruines en collines
Caresses de la vigne
Mousse dorée puis serpentine
Seigneur en pleurs pour fils indigne
Danube asséché, en rêve
Couronnes de fleurs
Veines apparentes, du rouge à la sève
Et une vielle serpe, en cœur.

Eggengburg !
Gobelsburg !
Hollenburg !

Héraldique de l'oiseau
Les Nornes couturières
Chevelure en soie au fil de l'eau
Gare au destin des dentellières !

Épines de sapins tremblants
La craie des rois mages
Hier, nos prières. Demain, nos chants
Et nous figeons les paysages

Nul ne sait quand la camarde passe

La ruelle était sombre et les cieux peu cléments,
J'évoluais dans mes ombres, absent,
Attendant l'orage qui toujours vient tonner,
Raviver ma rage comme une cloche fêlée.
C'était un de ces matins froids, sépulcral,
Où l'air qu'on respire semble emplie de souffre,
Les murmures de la ville sont autant de râles,
Et partout le spleen et la peine s'engouffrent.
Le brouillard humide tel un long suaire,
Déposé sur la ville comme un voile troué,
Chaque ruelle un chemin vers le calvaire,
Et le poids de la vie sur chaque pavé.
Les gens étaient laids. Hâves. Insipides.
Sur les toits un couvercle pesait, humide.
Chaque immeuble était un lourd échafaud,
Que gravissaient en soufflant les bêtes du troupeau.
Le regard vide et les pieds vagabonds,
Je flânais comme on monte à la potence,
Mais qu'ils étaient ternes, ces moutons !
Qu'elle était vide et statique, cette existence !
Au détour d'une froide rue,

Et c'est dans son souvenir que la forêt reste en vie,
Et c'est dans ces empreintes que les autres désormais se
meuvent.

On raconte qu'après c'est par signaux de fumée qu'ils ont
communiqués
Et c'est par signaux de fumée qu'ils se sont délaissés ;
Ne pouvant calmer ses humeurs en lui dévoilant un pétale
blond,
Ne pouvant la rassurer en la prenant entre ses branches

Ils chantent :

« Le monde nous a séparé,
Nous étions naïfs et mystiques
Et nous voilà dans un état critique,
Notre statut évolue, à la forêt tu as préféré la rue
L'esprit tourne et dans l'oubli
J'occupe mes feuilles qui vibrent dans le vent
Et se noient dans la rivière que tu as créée »

Sortie du feuillage la belle est moins bête
Les oiseaux parlent de liberté
Elle continue son chemin,

J'entendis battre comme un métronome,
Les pas secs et sévères d'un être inconnu
Psalmodiés dans la brume tel un psaume.

Me plaisant à imaginer quelle étrange créature
Pouvait bien, à cette heure matinale et glacée,
Par son pas exciter mon sens des conjectures,
J'esquissai son portrait, voulant me le figurer.

Qui donc pouvait battre un tempo si glacial,
Et faire soudain de cette sordide ruelle,
Une immense et grave cathédrale,
Où déjà s'esquissent de grands autels ?
Est-ce un de ces vieillards avinés sans dents,
Qui dans leurs esprit saoul qui put,
Croit danser dans un jardin verdoyant,
Entouré de danseuses à moitié nues ?

Est-ce une de ces travailleuses nocturnes
Qui fait claquer ses talons sur le bitume,
Et qui ramène à l'aube au vampire qui l'attend
Une longue nuit d'horreur, de pleurs et d'argent ?
Ou encore un gosse aux yeux hagards
Qui flâne en songeant gravement

A l'homme qui l'attendra ce soir,
Ce démon qui hurle en buvant…

L'obscur marcheur se rapproche…
Mais qui peut donc sonner un tel glas ?
Cet amble est une cloche,
Cela semble venir de l'au-delà…
Une effroyable seconde un éclair,
Fugace, traversa mon esprit transi.
Non, ces foulés n'étaient pas ordinaires,
Et soudain l'air fut lourd et le ciel plus gris.

J'entendis du fond de la brume
Un long murmure macabre,
Confiteor empli d'amertume,
Susurré sous de grands candélabres.

Une silhouette se détacha dans la buée,
Fin épouvantail a l'allure androgyne,
Fantomatique, il marchait sans marcher,
Comme un mâne crevant la bruine.
Ses cheveux gris qui semblaient se jeter en avant
Se confondaient, vaporeux, dans le brouillard,
Et sans savoir pourquoi ni comment,

Je me refusais à croiser son regard.

Il était beau, serein et terrifiant.
De son visage émanaient des murmures,
Des sentences et des mots effrayants,
Comme les échos de sombres sépultures.

Imperceptiblement, il soupirait,
On croyait entendre les plaintes des limbes,
Ses mains décharnées se balançaient,
Il marchait, entouré d'un étrange nimbe.
IL semblait battre la lente mesure,
D'un requiem oublié,
Et la peau livide posée sur sa figure,
Reflétait les lueurs d'un décor enténébré.

Un instant mon œil croisa le sien,
Plongea dans sa pupille glauque,
Et mon cœur vibra d'un remord ancien :
Je vis ma vie comme un long soliloque.

Je compris que j'avais ruminé ma peine
Durant toute ces années mortes,
Tandis que la joie, sereine,

Frappait à ma porte…

« Je suis celle que tu as toujours cherché »

dit-il d'une voix neutre et belle,

« Chacun de tes jours fut vers moi tourné,

Ta course ici s'achève, dans cette ruelle »

Et, soulevant son manteau soudain de feu,

Il tira une faux, toute de sang maculée,

Et je lu au fond de ses yeux,

Des phrases, épitaphes oubliées.

Terrifié, une dernière fois je hurlai :

« Quel est votre nom, n'êtes-vous qu'une chimère ? »

Et, entrouvrant ses lèvres pourpres, elle répondait

« Je suis la mort, poussière ».

(Complainte)

Lorsque les elfes gris s'enfuient de leurs montagnes
Et que les fées des bois ne clignotent plus bleu
Alors c'est le désert et l'empereur Charlemagne
Qui enterre pour de bon la foi des anciens dieux

Femme ?

Amours d'hiver

Echevelés dans la poussière
à chercher des sons
là où les couleurs sont reines.
A quel sorte de désir alchimique
Sommes-nous asservis ?

Cheveux mêlés, fiers,
nous nous aimions
là où les douleurs sont sereines.
Pourtant…
Nous fuîmes nos couches pudiques
pour la grande Solitude.
A nos trousses, un grand espace spéculatif,
vivant, grouillant de milles possibles.
Sur nos talons le vide, cyclonique,
apatride, hurlant l'Indicible.

Devant, le présent, derrière, le désincarné.
Des mots de sang vermeil
sur un drap maculé.
Acculé

Si les promesses d'hier
dessinent les contours d'aujourd'hui,
c'est sans frontières, sans replis,
– là où gisent nos « moi », délaissés –
que doit se tenir notre honneur,
fier ne n'être qu'une idée.

Nous sommes les crabes sans substance,
Parcourant le monde à reculons.
Si nous « sommes » – probable –
c'est que les mots sont nos amants,
lovés dans la chaîne de nos abstractions.

Nous sommes la somme de bruits,
d'effets, de couleurs sonores
comme des carillons.
Nos sens – mercenaires sans attaches –
semblent œuvrer sans limites,
comme séparés de nous.
Membrane fœtale d'un demi-né.

Mon espoir réside en la putréfaction des corps et des idées.

L'amante égarée

Une froideur d'automne sous la candeur insoumise
D'une ivresse féminine qu'on absorbe en été
Entre un verre, un repas, se déchire la beauté
Des jardins de l'envie qu'enferme ma valise

Des colonnes indomptées par le chant des marchands
Se dressent stimulées par des lèvres lascives
Les statues de l'évêque intrigant les amants
S'endorment sous le glaive des sociétés actives

Quatre rêves, un cauchemar, sans odeur sont ces draps
Les formes inspirées par une absinthe bleutée
Redessine l'invisible au murmure de ma voix
Me rassure le talon accrochant les pavés

Succubes

Trois jeunes femmes
Sublimes
Dansent sur le monde des hommes !
Fascinante
Adulées,
Pas un pas, n'ose dévier
Du chemin précis qu'elles empruntent
Pour elles
Ils se dépensent, se vident, agissent
Ces belles
Furent Lointaines,
L'amour étaient alors inconnu, inaperçu
Ne voyant que trois ombres
Peu bandantes
Ils titubaient
Nous savons bien que seul l'ivrogne titube
Mon monde s'en est approché;
Les cheveux bouclés
La peau soyeuse
L'étoffe confortable
L'ont hypnotisé
Maintenant

Il marche droit, entre à genoux dans la procession

Ces déesses

Liberté,

Egalité,

Fraternité

Tyrans, incontestables et absolues !

Sans vous,

On m'a dit,

Que rien ne va plus …

Les sirènes

Les sirènes

Par leurs nages

Et leurs chants

Brisent les chaînes

Qui me lient au mat

Je sais qu'elles me noieront

Mais pour l'apnée merveilleuse

Qui précède la mort douloureuse

J'irais me plonger dans l'eau,

Oui,

Sans aucun regret je coule dans les flots.

Silence ébloui

Le silence vient de ce long cri
Qui n'envoie plus aucun décibel
Un manque de toi inavouable,
Un désir impardonnable.
Suivre sur le pavé les dos qui te ressemblent
Sans jamais les dépasser
Pour ne pas briser l'imaginaire.
C'est ton visage qui illumine
Les ténèbres de mes paupières closes.
Ouverts, fermés
Mes yeux sont illuminés.
Comment dormir ?
Mes yeux se meurent de l'envie de voir.
Laisse-moi te voir à en mourir
Car si tu n'es plus dans la clarté
Cela sera pire que mort ;
Fureur et douleur égarée …
Je préfère l'insomnie.

Les filles de la cité griset

Au marché rétro, Oberkampf, elle avait une petite robe à
poids
J'avais une paire de lunettes en main, à la Spagiarri, l'air
d'un roi
Je m'arrête aux foulards fifties, je lui dis : c'est pour toi
Elle me regarde, séduite, d'un air narquois
" On se connait ? Ou j'ai pas le choix ?
Il est joli celui en soie
On dirait que tu sors des bois
T'es un drôle d'oiseau, toi"
Je lui réponds, comme un acteur de cinéma :
" Te fait pas de bille, mon petit chat
J'demande rien en échange de ça
Mais t'as l'allure "America"
L'odeur du sud d'une O'hara"
On file aux téléphones vintages
Je fais la totale, un florilège
Elle m'a laissé cinq petites minutes,
qu'elle me prend le bras et me dit " Abrège".

Les filles de la cité griset sont des sauvages, un vrai manège
T'as beau t'y prendre comme un cador depuis le collège,
L'endroit où tu les ferras se mettre à genoux ;
c'est au Saint-Siège.

Le sang de la centrale

Un cœur sablé. L'écran se plonge
Sur une plage orpheline
Et c'est l'instinct qui se prolonge
Nuance cornaline

Le manque de vent dans les poumons
Entre nos murs d'amants
Lorsque tu frôles l'abdication
En me vassalisant

Il se consume sur les rivages
Du puissant archipel
Laissant la place à l'abordage
De tes hanches rebelles

L'impassible étudiante qui figure séant
L'impossible passion qu'ils ont vouée au néant
A capturé ma gorge de ses crocs aiguisés
Par le zèle immortel d'un peuple emprisonné.

L'attentat de l'orchestre

C'est comme Berlin qui respire l'est
Quand on marche, tous les deux
Bicéphale, rouge, la phase « Protest »
Crime prêt pour les aveux

Tu m'égares si loin des usines
Ce dimanche, en campagne
Début de semaine. Endorphine
Réveil. Quinze ans de bagne

Elle dessine des chemins de verre
Où s'écorche les peaux fines
Ces baisers ont un goût amer
Et l'orchestre s'illumine

Communion de tempête

L'union de ces deux êtres est attendue
Mais désaccordée
Insatisfait de terre, d'air, de mer,
Ils embarquent pour l'univers
Ils voguent sur un navire;
Les voiles,
Poèmes gonflées par leur voix
La coque,
Couverte de mimiques
L'ancre,
Coupée par la proue impudique
Seule l'absence d'exaltation
Peut arrêter l'embarcation
Les vagues sont par leurs chants créés
Ils assaillent les ports des grandes villes
Avec les manières les plus viles
L'un n'est pas pirate
C'est elle, et n'est pas plate
Elle n'a pas le droit d'être à bord
Mais son insolence tient tête au plus fort
L'autre longtemps corsaire
Payé en mercenaire

Après de nombreux radeaux
Ne veut plus d'autre pont que ce vaisseau
Changeant de formes ils s'unissent
Sans qu'aucun ne faiblissent
Ils trouvent chez l'autre autre chose plus qu'une
représentation
Imagée de l'être.
Trouvant l'âme par ces danses animées,
Par ses larmes irriguées,
Par les mots et les accents précisés,
Leurs danses en union
Deviennent tourbillons
Avalant îles et continents.
Quand ils associent leurs rires,
Entendez l'air fracassé,
Déclenchant les avalanches les pires !
Leurs larmes mélangées inondent le monde
Noyant les hommes et les bêtes dans un malheur sans nom
dont on ignore la cause
Leurs mots échangés ;
Une nuée de cigale multicolore
Dévastant et brûlant les récoltes du progrès
Le vent de leurs accents pousse ces insectes
Leurs donnant plumes et poils

Changeant ainsi le genre de ces petites bêtes.
La grenouille aboie sur le mat
Et tient en ses ailes
Le drapeau craint par les plus belles

(SUITE)

La coque de mimique grimace
Les hurlements brulent la voilure
L'exaltation s'est noyée
Mer d'huile sans vivre,
Implacable calenture
Âmes brisées

HOOOO
Hé !!!

Expérience satanique

J'ai souvenance de l'œil glauque
D'un vieillard pervers qui troublait
De mon cœur les monologues rauques
Qu'après le jour je susurrais.

Inconnu, allumes une bougie !
Viens du fond de mes nuits froides
Embraser la cire d'une énorme ironie,
Et voir mon âme s'émietter par saccades !
Pousse la porte d'acier
Du sanctuaire glacé de mon âme,
Et vient sur l'autel cracher ton baiser,
En me souhaitant les éternelles flammes !

Mes violons sont désaccordés !
Horreur, tout est dissonance !
Quel souffle putride cet étranger
A-t' il injecté dans mon silence ?

Je dormais, cruel !
Loin des vampires du réel,
Je rêvais d'amour et de miel,

Loin du jour et de son fiel !

A présent sous mes voutes

Résonnent des rires affreux,

À nouveau l'enfer m'envoûte,

Qui es-tu, qu'y a-t' il dans tes yeux ?

Je vois des serpents par milliers !

Ils se tordent et gémissent

Autour de tes pupilles embrasées !

Supplices, géhenne, vice !

Ne me pressez pas, damnés !

Pourquoi cette foule hurlante

À l' œil vide et au sourire carnassier

Agite-t-elle milles fourches brulantes ?

Et toi, maudit, tu contemples !

Les bras croisés, tu souris !

Dans les décombres de mon temple

Tu allumes encore des bougies…

Ah ! Tes ongles ne doivent plus grincer

Sur les dalles de mon sanctuaire !

Qui es-tu pour venir troubler

Ma nocturne et morne prière ?

Serais ce me fuir moi-même

Que de vouloir t'éloigner ?

Emporte ta face blême

Et ton haleine infestée !

Loin de moi ce calice de souffre !

Tout pue la sueur et le sang,

En équilibre au bord du gouffre,

J'ai les nausées du faux innocent !

Étouffez ces cloches infernales

Je veux du beau, du pur,

Des dahlias, des cathédrales !

Pour qui sont ces affreux murmures ?

Prolongez par pitié le mensonge !

Je veux croire que tout est bien !

Ne réveillez pas les vieux songes

Du pesant quotidien !

Je divague, j'aperçois une silhouette...

C'est madame l'hystérique folie,

Qui s'avance en balançant la tête,

Faisant rouler ses yeux jaunis.

Elle aussi veut être de la fête...

Il y a celles

Il y a celles qui ferment les yeux
Celles qui préfèrent ça à deux
Celles qui se tournent difficilement
Sauf avec leurs amants
Celles qui gémissent comme des chinoises
Celles qui nous notent sur des ardoises
Celles qui font des "hou"
Celles qui font des "hi"
Celles qui n'ont pas de sous
Et y a celles qui crient.
Y'a celles qui aiment les costumes
Et celles qui ont des coutumes
Celles qui parlent pas
Celles qui se taisent pas
Y'a celles qui montent dans les aigus
Et celles qui se tournent quand t'as trop bu
Y'a celles qui veulent des mots cochons
Qui se couvrent la tête d'un polochon
Puis y a aussi les catholiques
A chaque mouvement, ça pique.
Il y a celles qui sont protestantes
Tant que t'as de l'argent ça se tente

Et puis y 'a les juives
Qui quoi que tu fasses, te suivent.
Y'a celles qui se courbent en "S"
Et celles qui serrent les fesses
Il y a celles qui parlent en russe
Et puis, y a celles qui sucent.
Y a celles qui nous font des chansons
Qui veulent qu'tu gardes tes chaussons
Y'a celles qui préfèrent ça à sept
Qui veulent qu't'enlèves tes chaussettes
Il y a celles qui aiment les fruits
Et puis y 'a celles qui fuient
Y'a celles qui préfèrent les légumes
Et puis y' a celles qui fument.
Il y a celles qui font ça à l'envers
Les trucs un peu pervers
Il y a celles qui ont les cheveux roses
Celles qui réclament des pauses
Celles qui t'en veulent quand c'est fini
Celles qui font ça qu'au lit
Enfin y 'a les « madame tout le monde »
Pas trop coincées, un petit peu rondes
Qui t'disent des jolis mots d'amour
Pour qu'sur les autres, tu deviennes sourd.

Le masque

Le masque est ovale en carreaux verts et dorés
Trois points rouge sur le front et la bouche entrouverte
Il fixe les vivants dans la pièce carrée
Impassible et stoïque, mais sans cesse en alerte
Il regarde le ciel comme une échappatoire
Et rêve des canaux dont on l'a séparé
On l'emmène à la main et n'est qu'un accessoire
Qu'on enfile en vitesse en soirée déguisée
Le masque voudrait hurler « Redonnez-moi Venise ! »
Retrouver une place en première vitrine
Puis étouffer les cris de la foule conquise
Par l'envol de l'ange, annuelle routine
Pour toutes ses conquêtes il reste un même visage
Dont on change les yeux qui font la séduction
Il ne vieillit jamais mais prendra un peu d'âge
Lorsqu'on le revendra après estimation

(Sans titre)

Quelquefois c'est la pêche ; c'est la chasse.
Je l'hameçonne ; elle meurt
Dommage !
Alors voici un peu de taxidermie

***

Peut-être encore de la fiente pour les censés !
Du coton pour astiquer ta vitrine !
Pour cacher et te faire voir !

***

Réel fantasmé du sous-sol
Espérance d'une réelle surface
Déraillée
Rythme en phase
Rails en Pairs
Stations en bande
Arrivée du Départ

***

Tout est Beau !

Moteur et canette écrasés
Lune virgule
Trainée rose d'avion dans le bleu
Lampadaire d'hiver
Graine de marron
Errant mendiant
Douleur et doigts frigorifiés
Une pièce de deux dans ma poche
Le lieu du meurtre si proche
Béat
Mon sourire
Foi en ailes
Tu sais que je …
Montre mes dents

La vie rebondissement

Tombe
Et vole
Tombe

Et vole
Et
Tombe vole tombe vole
Diction anglaise
Fall fly

***

Ne te foule pas la cheville en dansant
Sur la lune

***

Trouver l'âme avec qui danser
Ma mie au beurre
En révolte tu transgresses et tu deviens punk
Noblesse punk, élégance austère

Aimer ton être radical
Doux
Entier
Mes genoux sont dans le sable devant toi
Je t'adore
Ta chair où flotte délicieusement tout ton être

Le bonheur sans mots
Sans flux incohérent de parole
Je te demande de me taire
Silencieuse parole
Profond souffle
En toi remuant
Cherchant le point dans le tressaillement de notre amour

Je me tue
Je tue ma bêtise
Si tu pars
Si tu pars
Tout part
La chance part
La vie part
Je me tue et trouve la peur de la damnation
Je la rejoins vite
Je me tue beauté
La beauté, vois là !
Tu es radicale

***

Ami

La crainte de la hauteur est anéantie

Ami

A des tours et des jours de hauteur

Ami

N'ai rien à perdre

Tu es là ; tu m'envoles

L'échange est sans capital

Inégal

Non démocrate

Fluide

L'échange est partage

N'attend rien en retour

Tout s'échappe de nos mouvements

Tais-moi ! Courons !

Lève-toi et vole

Une nouvelle fois ; un croisement

Des étoiles. Tant pis

Les yeux troublent tout lorsqu'ils sont clairs et lucides

Ils voient le monde

Ils me regardent ; je suis perdu

Ils ne me jugent pas

Lucide, lucide trop, pas assez trop lucide
Tu l'as voulu
Corps tourbillon
Lucide, lucide, trop pas assez trop lucide
Tu l'as voulu

***

C'est si simple

***

Je te veux
Je me calme ; j'écris
Je te veux
Je m'abats
Je te veux
J'en meurs
Je te veux ; je me tue
C'est si simple

***

Efface le regret

***

Je veux une moto
Je veux être champion
Je veux beaucoup de pétrole juste pour ma moto
Je veux un camion
Je veux la permission
Je veux qu'on m'interdise
Je veux un couteau, le mien ! Un beau
Je veux une maison grande
Cinq chevaux
Je veux une montgolfière
Je veux un théâtre
Je veux une clairière

Je veux une moto et des gants chauds
Je veux la permission
Je veux tout sans argent
Je ne veux pas d'argent
Je veux l'échange
Je veux me dégouter de moi-même en désirant trop
Je te veux toi

Je t'aime
Je ne veux rien d'autre qu'être avec toi

***

Coucou sans arbre

Je viens chanter pour toi sous cette lune
Éclairant tous ces nuages changés en dune

Et même si il y a du vent
Au toit je montre mes dents

Et avec toute cette brise
Je chante une chanson mal apprise

Je devais apprendre du Shakespeare
Et j'ai multiplié mes soupires

Risquant ma vie sur ta gouttière
Je te chante faux de façon altière !
N'ayant plus de viande ni de sous
Je n'ai qu'à faire une chanson pour vous

Une chanson qui se perd et qui s'oublie

Ni pour l'amour et ni pour l'âme
Mais pour la vie sans ni
La véritable oisiveté
C'est. C'est. C'est.
De ne pas la chercher
La véritable quête
Tu. Tu. Tu.
Ne peux pas la nommer
La véritable question
Sans. Sans. Sans
Mots tu y réponds !

***

Je vous montre mes yeux. Mon cul. Mais pas ma bouche

***

L'oisiveté est un luxe ponctuel et délicieux
L'oisiveté est un luxe ponctuel que je déteste
L'oisiveté c'est pour les oies parce que oisiveté cela
commence par oie

J'essouffle

J'ai le scandale dans les yeux

J'essouffle

J'ai le sourire dans les jambes

J'essouffle

***

Tu m'enchantes tellement que

Que je danse la rumba que je danse mal ou que je ne

connais pas

Tu m'enchantes tellement que je vais et viens dans le

corridor.

Tu m'enchantes tellement que mon enfant et ma bêtise

m'embaume et m'enivre

Tu m'enchantes tellement que

Mon sourire t'es dédié où qu'il soit

Tu m'enchantes tellement

Que je cours pour te rejoindre

Tu m'enchantes tellement.

Tu m'enchantes tellement que

Que je danse la rumba que je danse mal ou que je ne

connais pas

Tu m'enchantes tellement

Que je vais et viens dans le corridor

Tu m'enchantes tellement que

Mon enfant et ma bêtise m'embaume et m'enivre

Tu m'enchantes tellement que

Mon sourire t'es dédié où qu'il soit

Tu m'enchantes tellement

Que je cours pour te rejoindre

Tu m'enchantes tellement

Que je heurte la pierre ; me casse le pied pour te rejoindre

Tu m'enchantes tellement

Que je ne cherche plus à te comprendre

Tu m'enchantes tellement que la curiosité me fait trembler

Tu m'enchantes tellement

Que la question « pourquoi est-elle ? »

N'a pas de réponse… Et tant pis !

Tu m'enchantes tellement que… tant mieux.

Tu m'enchantes tellement que

Ma fierté c'est la tienne

Tu m'enchantes tellement que commenter l'enchantement

est une souffrance.

***

Il est dur pour celui qui se dit d'action
De s'imposer d'intense réflexion

De faire chauffer ses dents qui grincent
De ne pas comprendre ce qui le pince

Frontière.

Narcolepsie divine

Sur une artère en ligne de fuite
Bordure d'épicéas
Dans ses pensées, c'est une poursuite
Comme un assaut gallois
Et la cime des bois. Cécité
Perce les pare-soleil
La benzédrine du cavalier
Pour un dernier éveil
Boule neigeuse. Une, deux, trois, cinq fois.
Autoroute spirituelle ?
Tu ne seras plus porte-croix.
Car ton sang, lui, ruisselle.

A la fenêtre

Sur les rails de l'ouest, proche Paris; il y a cette agression
des yeux.
Je ne suis pas architecte et je sais que c'est un secteur
bouché pour les diplômés,
Et peut-être tant mieux !
Car je vomis et je vomirais toujours ces rectangles
dégueulasses, ces fiertés d'élus menteurs,
Populistes pour les sans cultures et les consommateurs du
digital.
Ça vous explose à la gueule, juste après ce long tunnel qui
vous bouche les tympans et vous soulève le cœur et
l'estomac.
L'utile dans l'habitat, ou l'inutile
On ne sait plus;
Cela façonne des masses d'idiots, d'enfants idiots, de
paumés et le pire;
De bonnes gens.
Et ils s'y attachent ces cons !
A leur quartier, leurs murs pourris, leur skate-park et leur
laser Game
Leur salle polyvalente, leur MJC et leurs associations de
football.

Moi dans mon wagon
Je rêve de démolition
Contrôlée.
De reconstruction contrôlée,
Avec des arbres, des ponts de singes, des forums, des lianes,
une cabane de forestier.
Et un réverbère sanctifié pour un rite spectral en soirée.
Ah...mes rêves de petit dictateur...
Je n'ai pas les bras d'un agriculteur,
Mais quelques terriens dans ma généalogie.
Pas suffisant...
Je reste dans mon pavillon de province, ma petite vigne
contre mon garage,
Mon basilic et ma menthe dans un bac en granite,
Rempli de terre, accoudé au mur porteur.
Pas trop d'amour...
Je suis un locataire nomade.
Je ne suis nostalgique que de ce que je n'ai pas vécu,
J'aime le passé sombre et lumineux,
Nécrophile de l'histoire d'une civilisation proche du fond
de la piscine mondiale,
En attente du rebond,
Je cherche l'exil du cœur
Contre l'exil du corps.

Et pourtant...

Pourquoi se battre pour eux ?

Ne jamais vivre avec eux.

Se battre encore pour eux ?

C'est fini Rosa !

Plus de peuple à grande échelle.

Micros groupes

Micros amis

Micro famille musicale,

Punk anglais tresses roses, crêtes jaunes

Puis,

Mix marketing de l'identité Électro White Capitale,

Black Banlieue Béton

Yellow Rock Berlin

Dalston Victory.

Gardien de phare en songes...

Horloge solaire

Et tabac à pipe.

Ma post-apocalypse.

Le train ralentit...

Retour à Speedpolis

Ticket pour l'enfer

J'enfile mon costume de fourmi.

Vision

Dans un espace indéfini,
Hiatus entre les courbes,
Il y eu comme un génie,
Net, dégagé de la tourbe
Où gisait mon essence prostrée.

M'extirpant de mon gluau,
Je pu tendre mon cou
Vers un point plus haut,
Net, dégagé de ma boue,
Où gisait mon essence prostrée.

Quelle blancheur dans son âme !
Il tendit son doigt comme un fuseau
Sur un écran diaphane,
Net, dégagé du gluau
Où gisait mon essence prostrée.

L'écran brulait mes yeux,
Lorsque l'éclat central
Devint comme aqueux,
Net, dégagé du spiral

Où gisait mon essence prostrée.

Au centre vint un arbre,
vieux comme un conteur,
Son écorce de marbre
Était nette, dégagé des stupeurs
Où gisait mon essence prostrée.

Ses racines m'apparurent
Illimitées, succession de nœuds,
Et sa plus grande ramure
Était nette, dégagé du creux
Où gisait mon essence prostrée.

« Plus haut ! » hurla ma voix.
« Je ne puis » rétorquai-je, fébrile.
« Fou ! Ne le vois-tu pas,
Net, dégagé de l'argile
Où git ton essence prostrée ? »

Alors levant mon front
Je vis mon âme, là-haut,
Suspendu comme un jambon,
Nette, dégagé des lambeaux

Où gisait mon essence prostrée.

Je vis que de toutes ses forces
Elle se tendait vers un point,
Déchirant sur l'écorce
La peau de ses mains.
Les échos d'un affreux divorce…
Arrachée à je ne sais quoi,
Mon âme en pleurs s'efforce
De rejoindre le bas.
Son enveloppe se distant,
Tant elle tire vers ce point,
Qui s'illumine du dedans,
Net, dégagé du purin
Où git mon essence prostrée.

L'espace devient durée,
Les dimensions se meuvent
Comme des égarées
Sur un immense fleuve,
Où git mon essence prostrée.
Le tronc devient bleu
Comme une mauvaise ecchymose,
Et mon âme aux cieux,

Elle, devient rose.

Son effort la contorsionne…

Impuissant, mon sang devient chaud,

Quand soudain dans un cyclone,

Le bas devient haut.

Sans repères, elle gesticule !

Je lui crie de descendre !

« Plus bas, âme minuscule ! »

Et pour se distendre,

La voilà qui bascule

Vers les racines du centenaire.

Son épiderme est comme un creux.

Renversant sa tête en arrière,

Il lui pousse des cheveux,

Dans les racines du centenaire,

Ils se fondent comme des vers.

Ses dents s'allongent,

Elle me fixe, à présent,

Et comme une éponge,

Elle me suce du dedans.

Je ne fais bientôt plus qu'un

Avec mon âme et le chêne.

Mon âme a des seins,

Des yeux, des lèvres qui saignent.

Elle est femme, je ne suis plus rien.

Nous pensons à travers l'autre,

Et c'est par la sphère de ce lien

Qu'on s'unit, qu'on se vautre.

Le chêne nous presse,

Il nous tire vers les nuées…

J'unis mes forces et tresse

Sur son tronc plié

Des lianes avec mes veines,

Ignorant le sang sur mes mains.

Mes tresses deviennent chaines,

Le sol approche, enfin.

Train

Moins fascinant depuis qu'il n'est plus à vapeur… n'est-ce
pas ?

Il reste allégorie du voyage ! Donnant une allure floue au
paysage

Moins mystique que le bateau !

Plus rapide que le vélo !

Pas besoin de permis comme pour l'auto.

Il vaut donc mieux le prendre au hasard

Aujourd'hui Dijon-Paris

Je retourne dans cette capitale, où le vin est petit, l'ivresse
libertine, les paroles mesquines et la camaraderie quasi
inexistante.

Me v'la sur le quai.

Les amants s'enlacent avec ou sans larme,

Avec ou sans langue.

Les cousins dansent,

Les cols blancs sont seuls,

Les amis s'embrassent

Des parents saluent leurs enfants en uniforme qui retourne
en pension dès le dimanche soir.

Ils seront raillés durant le trajet pour avoir lassés ces
chaussures et portés tel cravate ou telle jupe.

Ma douce est là, ma pipe au bec,
Nous échangeons un baiser trop court trop long
Mes compagnons autour de moi.
Les gars faut y aller !
Il reste pourtant 10 bonnes minutes avant le départ mais
leur donner congé est la meilleure idée…
Non pas par sentimentalisme ou la peur de pleurer, (nous
nous quittons toujours dans la joie)
En fait je préfère que les « Buvons encore une dernière fois
à l'amitié l'amour la joie on a fêté nos retrouvailles ça
m'fait d'la peine mais il faut que tu t'en ailles »
N'attire trop l'oreille de ces syndicalistes en chemises
violettes...
Ah oui je voyage gratuit !
Tout de même
Un billet c'est …
1 euro pour un dé noir
2 pour un dé rouge
3 pour un blanc
4 si il est à coudre
(Les actions du dé sont en hausse)
Lancement d'un 421
Première mise à

3 euro ! Le Picon bière du petit garage de la rue jean pierre
Timbaut
4 euro la pinte au doux raisin de la rue Descartes
Un Picon à 4 50 au 3 coups ou Vincent ne veut jamais que
l'on chante
5 euro au Jaurès ou la sympathie du personnel équivaut à
celle... ; d'une porte de cellule de dégrisement.
6 au cadran bleu
21 heures ! Fin de l'happy hour !
On passe à 7 euros !
7. 50 à l'Univers
8 au bouillon belge
9 euros chez Léon
10 la bière de chez Prosper ! Du jamais vu !
11
12
13
15 euros à la tour d'argent
18 au Ritz
421 !!!
421 deux fois
421 trois fois ! Adjugé vendu au garçon caché sous les
valises là-bas
Ce qui nous fait un total de 1217 euros 50

Je conserve 34% je garde 5 litres, perd 3 kilo cela nous fait
un titre de transport 42 euro
Puisque les allumettes sont gratuites
Vous n'avez rien suivit ?
C'est donc réussi
Je détournais votre attention et maintenant je suis dans le
wagon.

Entre les voitures,
La grille,
Sous la grille, les valises,
Derrière les valises le garçon caché invisible !
Empilant les sacs, utilisant les valises comme fantastique
remparts visuels
Imaginez un
Brûle gueule sous des paquets de gauloises brunes.
Le Cheval de fer ce met à trotter.
En passage de la frontière
Une vieille dame fouille ses Davidofs et ne voit pas la
bouffarde dissimulée.
Plus tard une jeune fille s'exclame en voyant la pipe
cachée sous son paquet de vogue. Le calumet lui dit «
comprenez ma démarche je n'ai pas beaucoup de tabac en

ce moment ne dites pas je vous en prie que je suis dans cette étagère»

Elle sourit et arrête de fumer.

Un contrôleur s'assoit rejoint par deux collègues une envie d'éternuer est difficile à contrôler ils parlent contraventions, grèves, Françoise, procès-verbal, petit salaud de fumeur chopé dans les toilettes …

L'éternuement est retenu, reprise de conscience de mon invisibilité Je continue ma lecture et fini de me consumer jusqu'à l'arrêt de la machine.

J'aperçois en sortant son cousin de marchandise

Repartons

Sur un toit, sur un bus, sous un pont, dans la bagarre dans les bars, dans une forêt, autour d'un feu, dangers fréquenté, non provoqués,

Surtout pas lâchement fui.

Constamment ivre ! Sans boisson.

Je saisie d'instant en instant une plénitude de vie et d'existence.

Finalement le train-train quotidien qu'il soit de marchandises ou de passagers peut en quelques bonds cesser d'être monotone.

La vagabonde

Les moteurs funéraires. Trabans en stock
«Terrot cinq cent» lancée à quatre vingt
Le sablier avale cette époque
Schwerin en ombrage, retour de Berlin.

Velours orangé c'est à peindre
Un manque de pigment pur
Le peuple, il faut l'épreindre
Diluer sa chamarrure

Et les sphères qu'on avale
Notre distance au monde
Le fleuret fédéral
L'a rendue vagabonde

La fuite

Notre cœur est frondeur
L'ivresse nous enclave
Et notre angusticlave
C'est notre poing rageur
On chambarde en cynique, le protocole.
Il est mort le poète !
Les transfuges s'écroulent, en farandole.
Justice de baïonnette.

La bastille arbitraire c'est notre asservisseur
Bientôt les cénotaphes seront du paysage
Exilés volontaires du festin nécrophage
Le rouge, en abondance, est mauvaise liqueur.
La chimère séquentielle, est nôtre.
Bacchanales en gravure
Sur la route opiomane, un apôtre
A percé mon armure

Les Guerres

Littérature, Urbanité
Cognac... Les chants de messes
Mon uniforme bien serré
Et mon passé, d'ivresses

Patriotisme au garde à vous
Le minéral : vainqueur
Horizon rouge jusqu'à Moscou
Et du sang gras : liqueur

Fin du macabre clairon menteur !
Trois membres, trois chances, sur quatre
Mon violon, sanctificateur
Couleur nette, olivâtre

Entre deux chairs. Vingt et un ans
Peinture puis charleston
Bottes. Cirage. Et très jolis gants ?
Nouvelles cartes. C'est l'automne

La ballade du soldat

L'assaut de la colline d'en face
Commence par un coup de canon
Et dans nos crânes, c'est comme la chasse
Un peu comme sous Napoléon
Les herbes hautes en rouge et vert
Nuages ou fumée, on cherche le bleu
Bientôt, on s'arrache les nerfs
Car sous nos casques, plus de cheveux
Faut courir, sauter et ramper
Parfois, tu crois sentir une balle
Juste sous la peau, sans respirer
Mais c'est la peur qui t'as fait mal
Acier, puissance, grenade, brûlures
Chair fraîche, hypnose, ivresse, morsures
Cadavre, sergent, drapeau, sniper
Cœur mort à terre, silence, dormeur
C'est le froid russe sur les vieilles plaies
Qui me réveille après trois heures
Il y a deux ans j'en rigolais
Avec Sacha avant qu'il meurt

J'ai les plus belles décorations
Qui protègent ma petite poitrine
J'évite encore les ablations
Quand c'est l'heure des cocktails vitrine
On est les stars de la nation
Les invincibles, les destructeurs
Mais pas quand t'es dos à l'action
La balle vient de ton instructeur
J'ai la même gueule que ceux d'en face
Quoi que la mâchoire soit moins carrée
Pour eux c'est les histoires de race
Pour nous les contes d'égalité

Fleuve rouge

Fumée d'opium
Jungle en pleurs
Funérarium
Haut-parleur
Hanoï
Bordel et cigarettes
Play-Boy
Treize estafettes
Hamburger Hill
Fête du Têt
Hémophile
Dernière fête
Bateaux gens
Saïgon
Perce tympans
Incursion
Propagande
Champs de napalm
Hache viande
Viêt-Nam

Jazz-Pop

Agitation du Jazz,
Des chapeaux à plumes sous la lune
Images de masque à gaz
Rivières de cognac, verres de prune
Vendeurs à la criée s'agitent
Corps-francs en rang, bien droit
Pasteur, prières et eau bénite
Souvenirs d'Alsace, convoi
Fumoirs d'arrière-cour à Berlin
Maison close à Paris
Histoires de veuves et d'orphelins
Dans les bouches amaigries
Donne-moi ta veste ! Du pain !
Montagnes de billets dans les poches
Couteau dans le dos. Refrain
Ils nous appellent toujours les boches
Expressionnisme étrange
Comme une attirance incomplète
Triptyque doré, archange
Nouveau reflet de la conquête
Maladie nationale
Contre les étoiles volontaires

Répression animale

Des drapeaux de la roue solaire

En avant pour la guerre civile

Deuxième distribution

C'est le cauchemar des hémophiles

La grande exécution

Erreur de la grandeur

Du passé devenu moderne

Retraite des artilleurs

Dans l'abandon de nos casernes

C'est une histoire européenne

Dont on se mord les doigts

Civilisation schizophrène

Qui a perdu la foi

Une agitation pop

Des casquettes de marque sur la tête

Images de salopes

Rivières de drogue prêtent pour la fête

Illishit

Mes yeux sont lourds.
Je ne distingue plus très bien
L'exact calembour
De mauvais gout
Qui m'a mené si bas.
« Bas » ? Quelle ironie !
Je me sens plutôt haut,
À vrai dire.
Las ? Je le suis !
Je me mens comme un sot
Qui s'efforce d'en rire.
Il y a sous mon crâne
Comme un flottement.
Mon esprit semble en plein divorce,
Tiraillé, il hésite à faire le grand saut.
Si mes paupières s'efforcent
De ne pas rester clauses,
C'est que le noir entre le noir
Que je distingue lorsqu'elles le sont,
M'aspire comme un entonnoir
Vers d'affreux violons.
Or cette aimant me terrifie.

Hors du temps tout est infini,
Et je ne me sens pas fait
Pour les arcanes d'un monde
Que l'herbe modèle
Et sculpte à sa guise,
Comme un peintre fou,
Éclaboussant l'espace
De couleurs sans cohérence.
Le frétillement du temps
Devient plus instable.
Je ne maitrise plus rien,
Et sait maintenant que si l'homme
Était capable de dompter cette folie,
La mer elle-même pliera l'échine
Devant tant de puissance.
L'horizon devient immense…
Mon potentiel spirituel se distend,
S'étire et devient démesuré.
Je me sens si grand…
Mes membres sont ouateux,
Détachés de mon corps
Comme par un bras de fumée.
Je me sens si stupide…
Exilé sur un ciel

Où l'homme ne sait rien.
Mes chères dimensions,
Dans quel espace avec vous fui ?
Vous êtes la voûte sans laquelle
L'homme est si perdu !

L'herbe m'envoûte
Et saccage la norme.
« Gobe ça ! », dit-il.
Mes lèvres s'entrouvrent
Sans que pour autant
Je n'aie commandé.
Mes yeux sont rouges
Et tachés d'un sang
Qui semble se coaguler.
La pastille chimiquo-initiatique
S'immisce en moi
Comme un lombric,
Et vient bousculer
Le peu de repères que Marie Jeanne
Avait bien voulu épargné.
J'ai l'air d'un âne !
Indigestion de carotte,
Mais l'animal en redemande !

La pièce devient grotte,

Les voix des hommes

Des olifants lointains…

La drogue a tout pris !

Elle réinvente la sémantique

Et la longueur du temps,

Tire sur l'espace comme sur la corde de la bête,

Et les affres que son pouvoir répand,

Sont les amants des junkies analphabètes

(Espion)

C'est la vie des doubles, des agents
Un peu malin, un peu malade
Messieurs tout le monde, ce sont des gens
Aux activités bien maussades

Mystique…

Prière

Père, que le ciel est grand.
Qu'y a-t-il plus haut
Pour que si souvent,
Je m'épuise en prière ?
Votre présence m'oppresse
Comme un trop plein d'air.
Je ne sais, dans ma faiblesse,
Comment vous louer.
Nous sommes si las, ici.
Tes enfants sont blessés.
Et nos trop longues vies
Pèsent comme autant d'enclumes.
Ta voix se fait si lointaine !
Et nous devenons plumes,
Chantant nos cantilènes
Sans trop espérer t'atteindre.
Garde-moi des vanités !
Défends-moi de feindre !
Que ma bouche soit gardée
De ces chants sans espoir !
Quand viendra l'heure

Où l'homme sur ses cithares,

Maudira l'abjurateur,

Qui bafoue sans cesse ton nom ?

Sont-ils fous, ces géants,

Pour renier ainsi Sion ?

Ils sont sans dieu, déments,

Et ne croient plus qu'en eux !

Pardonne-moi, Seigneur.

C'est qu'au fond de leurs yeux

Brule un feu sans grandeur,

Et que je n'aspire qu'à elle, moi…

Me donneras-tu l'équation ?

Non, je ne le pense pas.

La grandeur est dans ton nom,

Et l'on y puise comme des enfants.

L'aurore sur nos mots

L'horreur de nos maux.

Oui l'aube à présent s'annonce.
Son cortège de soleil et ses chants
semble faire de nos mots des sépulcres.

Il tremble, le sot, le méchant,
qui cette nuit encore caressait son verbiage
comme un marin flatte sa bouteille,
ou la putain qui sous son fard est sans âge.
A présent que le phare éclaire l'ancrage,
l'homme est hébété par l'ombre qui l'a vu jouir.
Il supplie le jour de retarder sa course,
pourvu qu'il ait le temps d'épousseter son âme !
Noyer la fille et briser la bouteille, vite, mentir, avant qu'il
ne soit trop tard !
Mais sous les brumes, imperturbable et cruel, on sent
vibrer le phare.
Il exulte de tant de justice.
Et le sot jette pèle mêle les mots qu'il a souillé,
trébuche sur une phrase qui trainait la,
oubliée durant l'orgie,

secoue sa langue engourdie
par les syllabes nocturnes, profanées, dévoyées,
dans un grand viol sonore et verbeux,
ou les sots mêlaient leurs jus aux méchants,
immolant des idées sur un tas de fumier
que la mer avait rejeté là.

La superbe de nos langues !
Despotes !
Régentes, vos harangues
vous reflètent si sottes,
et malhabiles...
Précieuses marottes !
Ne soyons pas béats de vous sentir danser
sous les palais gras que nos vins tannèrent,
le venin qui vous enduit, sucré,
valu bien toutes nos guerres.

Tout est prétexte à vous agiter.
L'homme qui verra, Lui,
sous des lames trempées des sucs
que vous fîtes couler des crânes,
jouant la harpe et le luth,
tranchera vos corps visqueux, sorcières !

Et vous danserez vos ballets infernaux
dans d'autre creux que nos cavernes insatiables,
et vous lancerez vos jets de mots
loin des yeux ternes, des enfants vulnérables.

Allons, empoignez vos tisons.
Brûlez la tête qu'elle ne repousse plus !
Hachez vos langues si menues,
qu'Hercule même vous rende hommage !
L'hydre, contre vos satanés serpents de bouche,
n'aurait pas passé la nuit, sauvages !
Exhibez vos trophées sur les couches,
les murs des villes et les palais,
avant que le soleil ne se couche,
je veux un continent MUET !

Epoque

Lorsque les fils du lys,

Abreuvent leurs chevaux

Sur les champs qui fleurissent ;

Armure, Couronne, Rameaux

Leurs femmes, bien qu'inquiètes, sérieuses et chaleureuses,

N'arrachent pas leur cœur, d'une théâtrale tristesse.

Torchon au front, mains fermes, comme de puissants

béliers avant la charge

Le foyer tourne, les flammes tournent, on avance.

Il y a un temps pour la messe

Un papier qu'on émarge

La désaccoutumance.

Un peu loin,

les primevères dégorgent leur couleur centrale

pour suivre le torrent de la substance guerrière.

Substance folle, masculine, tachée et sifflante.

Vassal des chants d'hier

Et la reine foudroyante...

Lisières soufflées ! on dit au village

C'est la fin des mariages !

Mais, ni fuite, ni pleurs,

Leurs femmes, bien que seules, fragiles et attentives

N'arrachent pas leur cœur, de manière abusive.

Palatin

Il y a les faveurs divines
L'asphalte de la joute
Si les épées sonnent orphelines
Mon armée en déroute

Les prêtresses du plateau calcaire
Des regards incessants
L'Acropole en voûte solaire
Et les siens festoyant

C'est un instant avec les morts
Un songe d'égaré
Une lubie conquistador
Que l'on ne peut toucher

L'éveil parmi le minéral
Métropole minute
Jardin sans profusion florale
Abandon de la lutte

Sous le figuier du palatin
Elle tourne mon chiton
Et son langage sibyllin
Visite l'horizon

La réalité et l'artiste

Riez, menteurs, tant qu'il vous plaira,
Je connais bien chacun de vos vains artifices,
Vos soi-disant bonheurs sont des longs Golgotha,
Et vos rires marquent l'évidence du supplice.
Les neuf sœurs sont bien folles d'avoir pensé l'enterrer !
Vous pouvez fuir, les spirales ne manquent pas,
Vous pouvez gaver vos naïves cervelles d'illusoires
espérances,
À jamais elle vous rattrape, et d'un bras sec vous arrache
de terre
Jusqu'à sa bouche putride, qui vous hurle en grinçant,
simplement
:" Je suis là, tu vis avec moi, n'essaye pas de me fuir «.
Vous êtes les maudits, ceux qui se cambrent en prétendant
s'élever,
Vos membres sont roides d'avoir trop eu froid, vos yeux
sont vides
D'avoir trop voulu s'évader. Vous avez tenté de la dérober
à vos yeux
Sous des couches de peinture, vous avez chanté et joué à
perdre haleine

Pour qu'elle ne vous harcèle plus, vous l'avez fumé, vous
vous l'êtes injectée,
Mais la vieillesse a toujours charrié avec elle les
désillusions orageuses
Que cette stryge se complaît à provoquer chez vous.
Vous n'avez cessé à travers l'histoire de jeter devant elle un
nuage de poudre blanche, qui en se dissipant bien vite
découvrait son sourire vampirique,
Rongeait vos chimères comme un affreux lombric.
Sa crudité vous a toujours parut si fade,
Il est vrai que sa peau blanche est si froide,
Ses griffes si profondes et ses plaisirs immondes.
Mais vos vaines évasions font sourire ses lèvres pourpres.
Au creux de vos songes, vos tableaux et vos violons,
N'avez-vous jamais, entre deux extases esthétiques,
Aperçu son sourire bestial dans un éclair d'acier,
Vous rappeler que vos arts de cristal
Ne sont qu'une pause entre deux de ses festins carnassiers?
Vous êtes les maudits, qui tordent rageusement les
barreaux de votre cage,
Qui toujours vous enlisez dans vos longs marécages,
Vos voix sont les murmures qui exaspèrent la reine,
Elle vous maudit chaque jour et créa pour vous une
immense géhenne,

Où vos carcasses s'entassent en tirant sur leurs chaînes.

Ne fuyez plus, damnés, car chaque voyage vous enfonce un peu plus,

La reine jouit de vous voir déployer vos astuces.

Elle aime à s'imposer à vous,

Vous cracher au visage sa sempiternité,

Son succès ne lui est que plus doux,

Après que de la faire fuir vous ayez essayé.

Elle asservit jusqu'à ces muses

Que vous croyiez invincibles,

Et sans cesse elle s'amuse

À rendre vos espoirs risibles.

Cosmogénèse et le sort des orateurs

Plus d'un vil
prophète voulu faire du grand prisme
un binocle monochrome :
voyez les fruits que la récolte vit mûrir… !

Le cosmos attend l'homme,
toile immaculée sans son peintre,
réclame couleurs et substance
en geignant des comètes.

Ah, assez de ces sornettes … Que veut la foule ?
« Arrose-nous de rimes, qu'on s'y farde et s'y mire,
S'y attarde à mourir ! »

Bien, Bien…
La mort ! Pour tout poète.
Les humbles et les nouveaux,
les racés les dilués,
les sveltes et les courtauds,
lyriques ou minimalistes,
chauves et touffus,
harnachés de mots ;

Grattez les poux verbeux qui pullulent sur vos cuirs !

Nous y voilà.
Je viens ;

Voici la lame,
ou dois-je poser mon cou ?
Voici que sans larme on écrase l'œuf,
comme pour conjurer la bête qui en sortira ;
Terrible car lucide et sans pitié pour les veules,
brisera vos os timides en crachant sur la meule ;

L'enfant renonce au visage
que lui renvoie la rivière.
Putain de mystère

23 heures à ma fenêtre

Minuit. Heure du crime. Heure de gloire,
Sombre satisfaction
Des esprits qui dissèquent dans le noir,
Le jour passé qui s'éloigne à l'horizon.
Minuit. Douze coups pour inviter,
Les douze juges drapés de noir,
Douze coups glacés pour juger
Chacun de nos laids déboires.
Minuit. La pendule fait vibrer l'air,
D'un glas de glace qui ne meurt pas,
Douze rappels du fonds des enfers,
Douze fébriles gongs de l'au-delà.
Minuit. Douze linceuls qui recouvrent,
Le ramas de nos poussiéreuses vies,
Douze mains blêmes qui ouvrent,
Les tombeaux de nos secrets croupis.
Minuit. Douze longs coups de la bête,
Pointant son doigt crochu,
Sur nos carcasses blettes,
Toute de faux remords vêtues.
Minuit. Heure suprême de repentance,
Concile des grands juges occultes,
Douze murmures douze sentences,

Chuchotées, sordide tumulte.
Minuit. Douze coups qui nous engagent,
A trembler sur nos piteuses fins,
Douze lourdes cloches qui saccagent,
Tous ces espoirs qui furent vains.
Minuit. Douze sombres bouffées de haine,
Exhalées des abysses du soir,
Douze âcres effluves de la géhenne,
Douze infâmes et rampants cafards.
Minuit. Heure enfin ou le poète,
Désespère et guette sa mort,
Heure ou sur nos têtes la bête émiette,
Les fruits talés de nos futiles efforts.
Une heure. Nos frayeurs s'estompent,
Nos sueurs refroidissent,
Et s'en vont en grandes pompes,
Les douze juges de minuit.
Deux heures. On soupir, on frissonne,
L'âme encore tremblante,
Des douze coups qui résonnent
Dans les ténèbres vibrantes.

Trois heures. Nous sommes en vie,
Rescapés du jugement,
Saufs des frayeurs de minuit
Et des vertiges du néant.
Quatre heures. La peur s'en est allée,
Dans son long manteau noir,
On entend son pas sec sur les pavés,
Insolite hôte d'un soir…
Cinq heures. L'aurore timide
Se risque à l'horizon lointain,
Et fait miroiter dans les nuées limpides,
Les promesses d'un nouveau matin.
Six heures. Le paysage s'ébroue
De la rosée fraiche qui débute,
Un nouveau jour des espoirs fous,
Nouvel amour nouvelles luttes.
Sept heures. Le jour investit la brume,
Redorant le triste décor,
Frissonnants, on hume
Le parfum de l'aurore.

Huit heures. Dans un souffle emportant,
Les derniers lambeaux de nuit,
L'astre du jour triomphant

Témoigne que nous sommes en vie
Et gouter le soleil,
Vivre comme on s'enivre,
Du bon vin vermeil.
Onze heures. On s'ébroue
Des dernières hébétudes,
Et le jour insuffle en nous,
Milles espoirs milles envies.
Neuf heures. On tend son visage pâle
Aux rayons brulants du matin,
On entend le faible râle,
D'un pitoyable coq, au lointain.

Dix heures. On voudrait vivre quiétudes.
Midi. Le soleil à son zénith
Reflète souverainement
Nos allégresses sans limite,
Propres au jour et à ses boniments.
Treize heures. Repus et béats,
Nous exhibons notre bien-être,
Savourant sous le plaisant climat,
Toutes ces joies qu'on s'est laissé promettre.
Quatorze heures. Tendre narcose
D'un après-midi serein,

On s'assoupit, apothéose
D'un plaisir bénin.
Quinze heures. On se perd
Dans les méandres du songe,
Fourvoyé dans milles chimères,
On s'y plait, on s'allonge.
Seize heures. Nous sommes saouls,
Ivre d'espoir et de vie,
Enfin le vent semble doux,
Bien périssable accalmie.

Dix-sept heures. Du doux nectar
Des rares instants sereins,
D'un œil avare
On se délecte sans chagrins.
Dix-huit heures. Le ciel est de sang,
Dans un relent d'humeur taciturne,
L'inexorable brunante descend,
Charriant les alarmes nocturnes,

Dix-neuf heures. L'oisiveté nous gagne,
A travers les brumes de l'inaction,
On oublie le jour qui s'éloigne,
Dans un déclin de sombre prémonition.

Vingt heures. Les torpeurs du crépuscule,
Viennent transir nos membres apathiques,
Et pour nous-mêmes on affabule,
Milles frayeurs chimériques.

Vingt-deux heures. Etouffés de poussière,
Sous les strates du soir,
Les précaires élans de naguère
Agonisent en soufflant, dérisoires.

Vingt-trois heures. Tout dort,
Un murmure monte dans les ténèbres,
Des mots latins, un confiteor,
A mis voix susurré dans le silence funèbre.

L'adolescent

J'entrouvre en soupirant la fenêtre de ma chère façade,

Et le mur paresseux s'éveille dans un soupir maussade,

Comme un vieux cyclope nonchalant, assoupi,

Entrouvre son œil lourd sur une gouttière jaunie.

J'inspire... Et l'air moite d'un matin qui s'allonge

Vient dissiper l'ouate de mes derniers songes.

Les choses s'ordonnent, se divisent, et tel un gluant serpent,

Le jour et le réel frise ma conscience en frétillant.

Je suis moi. Ma vie, c'est cela, un soleil éteint,

Ma lune est brulante et mes fleurs fanées comme des

putains.

L'air du dehors m'irrite, rentre en moi comme un philtre

maudit,

Comme le relent persistant d'un cadavre qui pourrit.

Au-dessus de ma tête, pas de chantantes hirondelles,

Mais un cercle de corbeaux décharnés qui croassent,

Tournant dans mon ciel comme des moines fidèles,

Entêtés dans leur cloitre en ruminant de sombres menaces.

Un cortège de goules m'accompagne, sempiternelles,

Mon premier pas quotidien les réveille en sursaut, les

rallume,

Alors sans bruit elles se dressent comme les croix d'un
cimetière éternel,
Et viennent faire siffler leurs langues et broyer mon cœur
de leurs lourdes enclumes.
Mon premier geste est pesant, si pénible, lesté de chaines
glacées,
Mon premier sourire est accablant, la pièce peut débuter !
Tirez le rideau poussiéreux, soulevez la tenture sur une
nouvelle scène !
Mais sachez que mes rires sonnent en mon cœur comme
des cloches obscènes !
Laissons place aux visages hypocrites et aux paroles
postiches,
Que mon aspect paraisse à tous les gens heureux,
Ni trop sincère ni trop dérisoire dans ce pitoyable pastiche,
Qui à chaque aube nouvelle vient faire ouvrir mes yeux.
Quand viennent les songes vespéraux et les torpeurs
macabres,
Les muses orgiaques se débauchent en tendant leurs mains
glabres,
Pénètrent dans mon air et viennent jouer avec moi ce
spectacle,
violent mon âme comme on profane un tabernacle.
Les muses m'appelle, elles sont les sirènes je suis le marin,

Depuis les abysses monte leur fiel aux odeurs de jasmin,
Les fleurs qu'elle me tende sont les roses noirs d'obscures
funérailles,
Et leurs sourires morbides tour à tour m'envoute et me
raille.
Vaudou, muse, malédiction, qu'importe !
Je ne puis que transpirer de sinistres mots,
Et les capiteux parfums que le malheur transporte
M'ont offert le spleen et m'ont fait aimer ses maux.

L'Adolescent II

Marche ou crève,
Disait le vent,
Tout n'est que rêve
Et ouragan.
L'aube te trompe
Le soir t'enjôle,
Les contours s'estompent
Au fond de ta geôle.
Tu tuerais pour une lampe,
Un balai pour disperser
Les cafards qui rampent
Dans ta cage dorée.

Ces phrases sont-elles laides ?
Gouttes de peinture noire
Au creux d'un vent tiède,
Ou sur un vieux trottoir.
Pas plus d'importance
Qu'un croassement
Au fond d'un marais rance
Comme un vieux serment.

On vomit nos peurs
Comme des lépreux,
Mais le vent ce menteur,
À moi m'a fermé les yeux.
Aveugle … de naissance ?
Seul dieu le sait.
J'ai des remugles d'espérance
Qui parviennent du passé.
Y a-t' il une lumière ?
« Non ! » me crie ma bête,
« Oui ! » souffle ma mère,
« Tu n'as pas de dettes !
Les morts sont les morts,
Ils ne peuvent que fixer,
Toi, tu as l'aurore,
Le soleil, les cyprès ! »
Ne sachant plus,
Ne sachant pas,
Ce que j'ai bu
Pour avoir moins froid !

J'ai haï votre création,
Père, votre soleil,
Vos maudits horizons,

Vos mers, vos merveilles.

Personne, jamais,

Ne verra la grandeur

De mes plaies,

Ni de mon âme la couleur.

Mes larmes sont vos rivières

Mes yeux sont brûlés,

Ou es-tu, lumière ?

Trop longtemps je t'ai nié.

Apocalypse cérébrale,

Et constante nausée

Je suis le spectre pâle

D'un ténébreux passé.

Je porte les fautes

D'inconnus décédés,

Au soir mes hôtes

Viennent murmurer.

Y a-t' il une sortie ?

« Non ! » hurlent les morts,

« Oui ! » ma mère me crie,

« Elle est dans l'aurore,

Le soleil, les cyprès !

Écoute le vent, sa joie ! »

Ce que j'ai fumé
Pour dissocier vos voix !

Puis vient l'habitude,
Le ressac sur la grève,
Décrépitude.
On vit comme traqués.

La vie ? Parlons-en !
D'en avoir tant parlé
Les hommes sont insolents !
Il n'y a plus rien,
Rien à dire,
Rien qu'un abysse incertain
Où bouillonnent des souvenirs.
Au dernier jour béni,
Sous un drap d'hôpital
Puant le talc jauni,
Souriant mais pâle,
J'écrirais de mon existence,
Avec mes ongles sur le mur :
« Tout se mêle, inconsistance,
Passé, présent, futur,
Je l'ai bu d'un trait

Dans une moue
Comme un vin mauvais
Sans délice ni dégout »
Marche ou crève,
Disait le vent,
Tout n'est que rêve
Et ouragan.

Blanche

Steppe scintillante

La procession des fils du Christ

Encens

Orthodoxie dorée (loin du soleil grec)

Pénitent

Carillon du Tsar (justice immortelle)

Cheval en selle

Mer de glace, bouillon, marée

Plaine infinie, désert blanc

Fourrure de loup, poisson salé

Monarchie du gel

Et des sabres de sang

Métropolite de la charité

Tradition héritée

Flagellation

Choix farci

Soumission

Russie

Ce vieux jour maudit

Ce vieux jour maudit
Ou sur ta couche humide,
Tu rejetas d'un cri
Ce petit corps rigide,
Dans les douleurs aigues
De ton enfantement,
Qu'avais tu voulu
Pour ce petit enfant ?
Si dans mon avenir
À travers le temps,
Tu avais pu lire
La déchéance de mon présent,
Aurais-tu écouté
Ce vieux sorcier en blanc,
Qui ce jour-là criait
De faire naitre l'enfant ?
Lorsque l'air d'ici-bas
S'est glissé en blessant
Pour la première fois
Mes poumons innocents,
As-tu senti sa puanteur
Scellé mon exil

Sur cette terre de douleur,

A jamais seul sur mon ile ?

J'ai grandi seul, malgré vos voix,

Qui m'ont aimé par habitude,

Seul, transi dans le froid

Des grands vents de solitude,

Depuis j'aime l'existence

D'un amour lépreux,

Né d'une noire souffrance

Et d'une foi en dieu,

J'ai cru bon de l'aimer,

Cette amante cruelle.

Mais qu'as-tu fait, ma mère

De ce si petit ange,

Exilé sur cette terre

Qui rumine sa fange ?

(Bourgogne)

Et certains nous accuse d'une trahison du cœur...
Mais choisir Angleterre, ce n'était pas grand-chose
C'était en vérité une querelle de fleurs
Certains préfèrent les lys, pour nous c'était la rose

Inadaptation

Avignon

Il est fou !

Harnaché de cravates

Sur tout son corps sauf autour de son cou,

Ses mains son moites.

Et celle du vieux gitan

Comme en coïte avec son pouls,

Rythme sa transe et fait bouillir son sang.

Une lionne aux yeux noirs nous désire,

Sans culotte et sans fard, son rire

Nous grise,

On la veut, sans la prendre,

Pas d'aveux ! Se serait faussé le hasard,

On préfère pour contourner les cendres

La vouloir sans jamais l'avoir.

Ce soir il est mon frère.

Ils le sont tous, d'ailleurs.

Ce soir n'est pas hier,

Et demain n'a pas d'heure.

Contre le mur brûlant

D'un clocher d'Avignon,

J'allume en riant

Mon vieux mégot de charbon.

Oublions ensemble ! Car quoi que l'on prétende,

Si l'on tremble c'est bien devant le monde,

Devant l'insipidité que l'on veut nous vendre,

Devant ces fourmis qui font la ronde.

Notre ronde à nous doit être folle,

Toujours plus triballe, toujours moins morose,

Et c'est avec ou sans alcool

Que nous vomiront le quotidien qu'on nous propose.

Il est fou !

Je le suis aussi.

La lionne montre ses dents,

Et ses congénères la rejoignent.

Nous ne céderont pas maintenant !

Mon frère, que diable, de la poigne !

Ah quelle bassesse que la libido !

Ne suons nous pas déjà

Bière et eau,

Pour échapper aux lois

Par trop convenues,

Qui scellent nos amours

Dans un scénario sans imprévus ?

Nous voulons être exempts

De ces chemins fréquentés,

Et plus nous fuyons les gens

Plus nous aimons les parodier...

C'est en dansant sous les étoiles
Qu'il pleure et qu'il oublie,
C'est au creux d'une affreuse bacchanale,
Que s'exacerbe sa misanthropie.
Je secoue mon corps comme un pantin,
Tentant d'étouffer la dernière lueur
Qu'attise mon instinct.
(« Vade retro, suppôts du stupre ! »)
Et mon cri se change en sueur.
Mais qu'avons-nous donc à oublier
De si terrible que nous devions danser ?
Cette idée m'obsède, elle m'a lié,
Tandis que lui ; s'en ai depuis longtemps délivré.
Et dans la fumée d'un mauvais haschisch,
Je distingue à présent la lionne, puant le sexe,
C'est en bavant que les moutons l'aguichent,
Tandis qu'avec mon fou je fusionne, comme par réflexe.
Non, quelle poudre aux yeux...
Tout cela est trop facile.
Jamais nous ne serons de ceux
Qui bandent vulgairement, serviles.
Notre désir à nous doit être impulsif sans être sale,
Frais sans être pudibond,
Sauvage sans être immoral,

Consacré comme une absolution !
Inadaptés, nous le sommes, oui.
A peine avalé, le jus de la fête
Dans nos bouches inassouvies
Devient comme malhonnête.

Nous sommes saouls.

Un truand m'embrasse,
Il pue.
Sa barbe est grasse,
Je sue.
Il gueule et se révolte,
La société lui ment, tout le monde lui ment.
Paraît-il qu'il récolte
Le fruit de leurs boniments.
Vient un autre déguenillé,
La dent comme un sucre avarié,
Les yeux tachés de sang,
Lui aussi, dit qu'on lui ment.
J'aurais tant voulu rester bienveillant !
Comme à mon habitude...
Mais cet être la – non ! –
Ne mérite aucune mansuétude !

Terpsichore me le fait voir, sans pardon,
Éjaculant dans sa misère,
Buvant sa pisse en flacon
En appelant sa mère ;
Et cet homme devient laid.
Non pour ce qu'il est,
Mais pour ce qu'il représente,
Car en vérité, seule sa bouteille le bonimente...
L'homme s'en retourne en enfer,
Laissant à l'ivresse de la rue
Et ses légions grégaires,
La place qui lui est due.
Ma flamme manque de peu
Le poison que je tiens.
Y voyant un signe des cieux,
Je laisse à terre mon joint.
A présent ses cravates
Jonchent le macadam,
Le pirate s'hydrate
Et en oublie les femmes.
La place devient polychrome,
Et dans ce vaste magma qui s'avine,
Nous distinguons des fantômes.
Sous les crânes en feu l'on devine

Une myriade de rêves

Que la boisson révèle.

Sans être une trêve,

Tout à présent a des ailes,

Le temps se suspend comme un pendule

Qu'on aurait trop malmené,

Et le sang des noctambules

Devient plus chaud qu'un grand brasier.

Je vois ces êtres indistincts

Qui tout à l'heure se baiseront

Comme de vulgaires chiens,

Et je me sens soudain

Si loin de tout, dans mon ouate,

Entouré de mon frère fou....

Et de ses cravates.

L'encre et la pioche

La complainte des artistes
En vérité nous prétendons
Voler plus haut et plus loin,
Aveugles, nous imaginons
Marcher plus haut que les chiens
Mais malgré tout nous sommes
Les plus peureux les plus couards,
Et les artistes en somme
N'ont point droit à la gloire !
Sous nos cerveaux repus de rêves
Bouillonne la vieille humanité,
Dans l'ouate opaque s'élèvent
Des rumeurs de réalité,
Mais sont-ce les forges brulantes
Et les bœufs, et leurs jougs,
Qui pour dieu représentent
Bien plus que nos rêves fous ?
Mais sont-ce les mines poudreuses
Et la sueur de ceux qui y meurent
Qui bien mieux que nous creusent
Une place aux cieux pour la dernière heure ?
Car sous le vent de nos ailes

La fourmilière s'affaire,

Et les hommes nous appellent

Les déserteurs de cette terre.

En chaque champ chaque sillon

L'homme verse sang et eau,

Nous follement nous prétendons

Dans l'encre égaler ces héros !

Tandis que fébrilement nos mains

Tremblent sur de vieux parchemins,

Le marteau frappe le fer,

La pioche râpe la terre,

Et de nos nuages bleutés

Notre encre coule et se mêle

À cette terre labourée,

À ces puantes pelles...

Viendra le jour où nous dirons

Qu'il aurait mieux valu

Que dans cet enfer nous rampions,

Exilés, fourbus !

Car de leurs champs serviles

Les humains nous font signe,

Et devant nos longs exils

en hurlant ils s'indignent :

« Poètes ! Qu'avez-vous retenu,

Vous les ombres qui sans fin creusez

De vos vieilles mains charnues

La fange de ce monde fatigué ?

Poussières ! Qu'avez-vous gagné

À exhumer des trésors

Que l'humain ne doit pas souiller?

Qu'avez-vous gagné, hormis la mort ?

Artistes ! Vous êtes bien seules !

Vous êtes bien éphémères !

Bientôt dans vos linceuls

Vous serez l'humus de cette terre »

Nous sommes les parias

Auto déclarés,

Et les murmures de nos voix

Sont ceux des damnés.

Diner dominical

C'est peut-être notre éducation ou nos rencontres
infortunes
Mais,
On s'est construit sur un champ lexical Autre.
Modernité, technologie, ambition, rancune
Ca nous parlait pas, c'est comme ça,
nous n'étions pas leurs apôtres
On s'est autonourrit
Oh,
Il y a bien eu notre milieu social
Cette vision des choses qui dépérie
Un mélange de valeurs provinciales
D'écoles privées
De religion de l'héritage
De Moyen-âge
De socialisme du voyage
De volontaires sabordages
De bonne tenue désactivée.
En vérité,
Dans notre imaginaire, notre course à quelque chose
Il fallait qu'on ose,
Taper, nager contre les vagues

Lever le bras, offrir des bagues
Défendre l'indéfendable
Même si on n'y croyait pas
Chérissant l'inavouable
Et les scandales pendant les repas
On n'a pas eu les mêmes bouquins, les mêmes héros
Jünger, Drieu, Sophie et puis Yukio
On n'a pas vu les mêmes films, aimer les mêmes actrices
On crève pour les fleuristes et puis les aviatrices
En fait,
Ca ne passera pas, ce n'est pas une crise d'enfance
Que la jeunesse se passe et qu'on joue sans essence
On a la nostalgie.
L'ostalgie.
La névralgie
De l'entourage qui pense
Qu'un bulletin est plus lourd
Qu'un peu d'impertinence.

Comptoir du réprouvé

Nous sommes déjà certains d'une chose.

L'obsolescence de notre vision du monde conjuguée à l'ostracisme groupusculaire de certains de nos camarades de circonstance (pas très malins, il faut le dire) sera des fantasmes rassurants pour ceux qui ne lèvent plus la tête, le non-dogmatisme de nos références achevant de la leur faire perdre.

Nous embrassons les icônes.

Cette image de "mauvaises gens" ne nous dérange guère. C'est même devenu, au fil du temps, un certain style volontaire. C'est la fatigue de justifier chacun de ses mots.

Nous consommons de l'art soviétique.

Les mœurs de petit-bourgeois, le conservatisme par tradition sociale et préservation de privilèges, la morale de la banlieue chic, de la banlieue sale, des nouveaux riches et de la pauvreté d'âme, l'humanisme des faux-semblants, tous ces simulacres autoproclamés procureurs de la pensée, nous sommes fiers d'en être les condamnés d'office.

Nous sommes un peu réactionnaires.

Mais disons-le franchement, mis à l'écart des gens, nous ne sommes pas si mal. Nous sommes à la conquête de nos propres écarts, sans trop de vitesse, sans trop de mouvements, face au néant du sprint à l'achat, à la propriété sécurisé dans un quartier de la tolérance, au paraître pour les autres.

Staline avait du style.
Pas tout à fait misanthropes, nous crachons au visage de l'aigreur et du fanatisme
Brut

Excessif

J'étouffe à grandes bouffées
Je lâche ma bécane sur la scène où les péniches coulent en
chantant « Je ne sais pas dire je t'aime! »
Je ne respire que sur ses toits de zinc,
Où sur la cheminée, ma belle accordéoniste oscille,
J'y pleure, je pleure mon pays et les femmes parties
J'hurle avec le borgne au pied nu
Diogène de notre siècle.
Je l'aime je l'aime et j'aime !
Je ne peux pas respecter les règles, enfin je ne les suis pas,
les chantent parfois, joue avec,
J'aime les hommes en bleus
Ce sont mes compagnons de jeux
Avec leurs matraques en guise de ballons
Nous sommes des grands petits garçons
Et superbement insolent.
Et surtout tes règles, Seigneur, je les chante sans savoir les
suivre ou les respecter
Je t'aime ne t'inquiètes pas
Et si je te blesse pardonne-moi.
J'm'auto détruis et j'abîme un peu ce qu'il y autour de moi.

Avec mes bombes de peintures j'hurle nos joies sur les
murs
Mots imposés sur les murs et pavés !
Pas peur des T.I.G
On fuit à grandes enjambés.
Puis sur mon vélo bringuebalant je deviens chevalier !
Et m'écrase sur Notre Dame
Pour avoir vu sa jolie jupe plissée.

Panique à Babylone

Chiens.
Le plus clair de mon temps
filerait comme un éclair…
S'il n'y avait vos rangs
trop blancs, grégaires,
à mourir de pitié.

Je me hais autant que je vous aime,
et tour à tour sous ce cuir bouillonnant
je récolte l'amour que ma haine sème.
Je voudrais n'être d'aucun sang,
si ce n'est de ceux qui le perdirent dans la honte.
Ma lignée vient de vos rangs…

Horreur ! Pour un peu, le « vos » devenait « nos ».
Je hais l'instantanéité de certaines fontes,
lorsque s'accouplent les mots
sans même user des draps pour cacher leurs nombrils.

Somme toute, le gouvernail est bien loin de nos langues,
tenu par quelque ivrogne apathique
dont la ruse - miracle, car le pont tangue -
court encore en quelques veines rachitiques.

Fuyez ! Notre ignorance est telle
qu'elle broie mon thorax.
La fragrance de nos cervelles
sans cesse hors de l'Axe,
étalées sur des murs en chaux,
m'a prise comme un manteau - le nez, puis le cœur -

Je ne sais d'où me vient cette image…
La source se terre, mais n'en est pas moins sage.

Fuyons ! Amis, ennemis, soudain qu'importe !

Fermez vos cols, ouvrez vos portes,
en avant, putes, esclaves, cloportes,
rois, reines, renvoyez vos escortes,

Ce voyage ci est d'une sorte

qui fait revenir tard... Que sais-je, peut-être après la

moisson ?

Du moins devez-vous être seuls. L'infini a ses raisons.

La vérité est aux portes de la ville, sauve qui peut !

Banquiers, chroniqueurs d'abord !

Les femmes et les enfants sauront bien trouver des

tunnels...

Les rames et les persans nous attendent, fidèles !

Non, laissez vos fiertés.

Là où nous allons, chier sur une souche aura le même effet.

Nous partons vers le point ou s'accouchent d'elles même

les galaxies qui nous oppressent.

Là-bas vous verrez vos âmes si noires,

que vous ferez sous vous. Mais n'ayez crainte,

vos fiertés n'en sauront rien - vous les enfermerez dans vos

caves.

Je vous voue aux pires félicités…

aveugles repus, boiteux béats, manchots ravis.

Vos remugles qui puent, vos yeux ni froids ni chauds

m'ont ôté la vie.

***

C'est en étant poursuivi que l'on se sent vivant.

***